BEI GRIN MACHT SICH IHR
WISSEN BEZAHLT

- Wir veröffentlichen Ihre Hausarbeit,
  Bachelor- und Masterarbeit

- Ihr eigenes eBook und Buch -
  weltweit in allen wichtigen Shops

- Verdienen Sie an jedem Verkauf

Jetzt bei www.GRIN.com hochladen
und kostenlos publizieren

Expansionsstrategie einer norddeutschen Fitness-Kette im Discount-Segment

Bibliografische Information der Deutschen Nationalbibliothek:

Die Deutsche Nationalbibliothek verzeichnet diese Publikation in der Deutschen Nationalbibliografie; detaillierte bibliografische Daten sind im Internet über http://dnb.d-nb.de abrufbar.

ISBN: 9783389088999
Dieses Buch ist auch als E-Book erhältlich.

© GRIN Publishing GmbH
Trappentreustraße 1
80339 München

Druck und Bindung: Books on Demand GmbH, Norderstedt Germany
Gedruckt auf säurefreiem Papier aus verantwortungsvollen Quellen

Das vorliegende Werk wurde sorgfältig erarbeitet. Dennoch übernehmen Autoren und Verlag für die Richtigkeit von Angaben, Hinweisen, Links und Ratschlägen sowie eventuelle Druckfehler keine Haftung.

Das Buch bei GRIN: https://www.grin.com/document/1518006

Deutsche Hochschule für

Prävention und Gesundheitsmanagement

Hermann-Neuberger-Sportschule 3

66123 Saarbrücken

Projektarbeit

Studiengang	BFÖ
Studienmodul	Interdisziplinär
Datum Präsenzphase (siehe Ergebnisdokumentation)	20.11.2023-22.11.2023
Projektthema	Projektaufgabe 1
Aufgabenstellung	**Expansionsstrategie einer norddeutschen Fitness-Kette im Discount-Segment**

Inhaltsverzeichnis

1   Einleitung

In den vergangenen Jahren hat der deutsche Fitnessmarkt eine positive Entwicklung verzeichnet. So heißt es auch in der jüngsten Datenerhebung der Studie "Eckdaten der deutschen Fitnesswirtschaft 2023", dass die Fitness- und Gesundheitsbranche in Deutschland ein Zukunftsmarkt ist (DSSV, 2023). Das gesteigerte Gesundheitsbewusstsein und der Trend zur aktiven Lebensgestaltung verzeichnet sich durch die wachsenden Mitgliederzahlen in Deutschland: Am Ende des Jahres 2022 wurde ein Mitgliederwachstum von 10,8 Prozent gegenüber dem Vorjahr verzeichnet (DSSV, 2023). Somit bleibt das Fitnesstraining mit 10,3 Millionen Mitgliedern die mitgliederstärkste Trainingsform (DSSV, 2023). Doch wie verteilen sich die Zahlen auf die einzelnen Bundesländer? Ist es sinnvoll in einem Bundesland wie Baden-Württemberg zu expandieren? Eine Betrachtung der Mitgliederverteilung zeigt, dass die Gesamt-Mitgliederzahl in Baden-Württemberg mittlerweile bei rund 1555 Tausend Mitgliedern liegt und davon sogar 56,6% Teil einer Fitness-Kette angehören (DSSV, 2023). Die Entscheidung, ein Fitnessstudio der betrachteten Fitness-Kette in Baden-Württemberg zu eröffnen, erscheint also daher erstmals als logisch und vielversprechend. Doch welche Einflussfaktoren müssen dabei bedacht werden? Der Erfolg einer Expansion ist auch von grundlegenden Entscheidungen, wie der Standortwahl, abhängig. Laut Vahs und Schäfer-Kunz gehört die Standortwahl zu den grundlegenden Entscheidungen bei einer Gründung oder anderen Anpassungen, die den langfristigen Handlungsrahmen des Unternehmens festlegen (2000, S. 247). Somit muss intensiv auf den Standort des neuen Betriebes eingegangen werden. Aber auch die Wahl der Unternehmensform und Entscheidungen über Unternehmenszusammenschlüsse zählen zu den maßgeblichen Entscheidungen, die bei der Leitung und Steuerung eines Unternehmens von großer Bedeutung sind (Wöhe und Döring 2005, S. 247). Die British Consulting Group befasst sich mit der Aufgabe der Expansion der beauftragenden Fitness-Kette.

Im Folgenden wird zunächst auf die wesentlichen Branchenkennzahlen für einen Kettenbetrieb eingegangen und mit dem betrachteten Unternehmen verglichen. Anschließend wird der geeignete Standort für das neue Studio der Fitness-Kette thematisiert und mit passenden Standortfaktoren untermauert. Danach folgt eine ausführliche Analyse der Marktstruktur und wird mit entsprechenden Studien bestärkt.

Abschließend werden, basierend auf den Erkenntnissen, abschließende Empfehlungen für die Betriebsart gegeben.

2 Branchenkennzahlen für einen Kettenbetrieb im Vergleich zur betrachteten Fitnesskette

Laut DSSV werden Fitnessstudios oder Gesundheitsanlagen mit mindestens fünf oder mehr Betriebstätten sowie einer gesamten Fläche von mehr als 200 Quadratmetern pro Anlage, als ein Kettenstudio oder einen Kettenbetrieb bezeichnet (2023). In den Eckdaten der deutschen Fitnesswirtschaft wird deutlich, dass die Mitgliederzahlen in den Fitnessanlagen steigen. Besonders die Fitness-Ketten sind die mitgliederstärkste Betriebsform (DSSV, 2023).

Es wird nun auf die wesentlichen Branchenkennzahlen für einen Kettenbetrieb eingegangen. Die folgende Tabelle stellt die grundsätzlichen Kennzahlen sowie die Zahlen des beauftragenden Unternehmens genauer dar.

Tabelle 1: Die wesentlichen Branchenkennzahlen von Kettenbetrieben im Vergleich zu der betrachteten Fitness-Kette (eigene Darstellung)

	Branchenkennzahlen im Jahr 2022 (DSSV, 2023)	Unternehmensdaten der betrachteten Fitness-Kette
Ø Mitarbeiterzahl pro Anlage	20,7	23
Ø Mitgliederzahl je Anlage	2612	3417
Ø Alter der Trainierenden (in Jahren)	37	36,4
Ø Monatsbeitrag (in EUR, netto)	30,62	23,45

Ø Fläche in m²	1828	2170
Ø Trainingshäufigkeit (Check-Ins pro Anlage pro Mitglied pro Monat)	4,3	5,1
Ø Fluktuationsquote	28,9%	27,1%
Ø Geschlechterverteilung	47,4% weiblich, 52,6% männlich	44,1% weiblich, 55,9% männlich

Die Daten zeigen, dass die Branchenzahlen für das Jahr 2022 eine durchschnittliche Mitarbeiterzahl von 20,7 Mitarbeitern pro Anlage in den Ketten-Betrieben aufweisen, während die Studios in der betrachteten Fitness-Kette durchschnittlich 23 Mitarbeiter pro Anlage kennzeichnen. Dies zeigt, dass das Unternehmen mehr auf den Personaleinsatz achtet als der Durchschnitt in der Branche und viel Wert auf optimale Kundenbetreuung legt. So heißt es auch in der Eckdatenstudie 2023: "Die Mitarbeiter bilden die notwendige Basis für einen langfristigen Unternehmenserfolg, künftiges Wachstum und die weitere Professionalisierung unserer Branche" (DSSV, 2023). Somit weist das betrachtete Unternehmen eine gute Voraussetzung mit ihrer bestehenden Mitarbeiterzahl auf. Die durchschnittliche Mitgliederzahl pro Anlage beträgt in der Fitnessbranche bei Ketten-Betrieben durchschnittlich 2612, wobei in dem betrachteten Unternehmen der Durchschnitt bei der Mitgliederzahl je Anlage bei 3417 liegt. Dies ist im Verhältnis zu den Branchenzahlen ebenfalls über dem Durchschnitt und lässt sich als positiv beurteilen, was möglicherweise auch die höhere Mitarbeiterzahl erklären könnte. Das durchschnittliche Alter der Trainierenden liegt im Jahr 2022 bei 37 Jahren, womit das betrachtete Unternehmen mit seinem Durchschnittsalter bei 36,4 Jahren nah an der Branchenzahl liegt. Der durchschnittliche Monatsbeitrag bei den deutschen Studios liegt 2022 bei rund 30,62€, während in dem betrachteten Unternehmen der Monatsbeitrag niedriger mit nur 23,45€ liegt. Es sollte daher bei der Angebotsplanung nochmal überprüft werden, ob und wie der monatliche Beitrag gesteigert werden könnte, um einen möglicherweise höheren Umsatz zu erzielen. Dennoch liegt das Unternehmen mit einer Durchschnittsfläche von 2170 m² über dem Durchschnitt von 1828 m². Bedingt durch eine größere Grundfläche, besteht die Möglichkeit für eine Erweiterung neuer Angebote im Unternehmen, was sich als positiv einschätzen lässt. Auch die Trainingshäufigkeit mit 5,1 Check-Ins pro Anlage pro Mitglied ist in einem Monat höher als der Durchschnitt im Jahre 2022 mit 4,3 Check-Ins. Eine hohe Trainingshäufigkeit deutet auf ein signifikantes körperliches Befinden hin (Knebel & Schmidt, 2021). Motivation und körperliches

Wohlbefinden sind wichtige Merkmale für eine höhere Kundenzufriedenheit. Dies lässt sich auch zurückschließen auf die etwas niedrigere Fluktuationsquote des Unternehmens. Die Fluktuationsquote ist durchschnittlich in der Branche bei 28,9%, während das Unternehmen eine Quote von 27,1% aufweist. Die Geschlechterverteilung ist in anderen Ketten-Betrieben ähnlich wie im betrachteten Unternehmen. Andere Ketten-Studios weisen durchschnittlich 47,4% weibliche und 52,6% männliche Mitglieder auf, währenddessen das Unternehmen nur 44,1% weibliche und 55,9% männliche Mitglieder kennzeichnet. Dabei könnte hinsichtlich des Betreuungskonzeptes intensiver darauf geachtet werden, beide Geschlechter gleichermaßen anzusprechen, um ein ausgeglichenes Verhältnis und eine entspannte Atmosphäre zu erzielen.

3 Standortwahl in Bande-Württemberg für das neue Fitnessstudio

3.1 Standortlage

Das neue Studio der Fitness-Kette liegt in der Hauptstr. 43 in 7332 Geislingen an der Steige. An diesem Ort liegt das Studio im Zentrum der Stadt und ist daher in Reichweite für viele Bewohner dieser Gegend. Direkt in der Nähe ist ein großes Einkaufzentrum. Geislingen an der Steige liegt in Baden-Württemberg und befindet sich im Südosten der Region Stuttgart, etwa 15 km südöstlich von Göppingen und 27 km nordwestlich von Ulm. Die Stadt ist mit ihren 28.655 Einwohnern, die zweitgrößte im Landkreis Göppingen und dient als Mittelzentrum für die umliegenden Gemeinden, nach der Kreisstadt Göppingen.

3.2 Verkehrsanbindung

Der Standort des Gebäudes ist zentral gelegen und liegt daher nur 1 km vom Hauptbahnhof entfernt. Rundum des Standortes befinden sich zahlreiche Bushaltestellen sowie Mietwagen einer regionalen Autovermietung. Somit wird die optimale Erreichbarkeit durch die öffentlichen Verkehrsmittel und mit dem Auto gewährleistet.

3.3 Grundstück

Laut den Informationen der Mietspiegeltabelle liegt der durchschnittliche Mietpreis in dieser Umgebung zwischen 10-15€ pro Quadratmeter mit durchschnittlichen 3€ Nebenkosten (Stadt Geislingen an der Steige, 2023). Wenn man mit den Anforderungen des Unternehmens von 1500 m² mit 10€ pro Quadratmeter ausgeht, ergibt sich eine Summe von 15000€. Zusammen mit den Nebenkosten liegt man dann bei 19500€ für die gefragte Fläche des Studios.

3.4 Parkplätze

Direkt beim Gebäude befindet sich ein Parkhaus, indem die Mitglieder und Interessenten die Möglichkeit haben kostenlos parken zu können. Auch in den umliegenden Straßen befinden sich weitere Parkhäuser sowie einzelne Parkplätze.

3.5 Mitbewerber

Es gibt bis zu sechs Fitnessstudios in der Ortschaft Geislingen, während zwei davon in der direkten Nähe und im selben Preissegment liegen. Diese liegen dennoch an der B10 Richtung Göppingen, bei der es häufig in bestimmten Stoßzeiten zum Stau kommt. Somit liegt die betrachtete Fläche in einem besser erreichbaren Gebiet. Die anderen Fitnessstudios in Geislingen sind Reha-Fitnessstudios, Frauenfitnessstudios oder Premium-Fitnessstudios und liegen daher in einem anderen Preissegment oder weisen dadurch eine andere Zielgruppe auf.

3.6 Absatzmarkt

Mit der Zeit-Distanz-Methode kann das Marktgebiet analysiert und bestimmt werden. Es wird davon ausgegangen, dass das potentielle Mitglied die Erreichbarkeit des Fitnessstudios abhängig von der Zeit macht, die er zur Erreichung des Studios mit einem PKW braucht. Das Marktgebiet wird in zwei Marktgebiete eingeteilt, wie auf der Abbildung 1 zu erkennen ist. Das Marktgebiet M1, das Kerneinzugsgebiet, ist farblich in blau und das Marktgebiet M2, das erweiterte Einzugsgebiet, ist farblich in grün abgebildet. Die tolerierte Fahrtzeit zu einem Fitnessstudio von potentiellen Mitgliedern liegt ungefähr bei maximal 12 Minuten (Bat-Freizeit-Forschungsinstitut GmbH, 1995). Aus diesem Grund wird der Fahrtweg auf 8 Minuten (M1) und auf 12 Minuten (M2) mit einem PKW berechnet.

Abbildung 1: Markgebiete M1 (blau) und M2 (grün) (openrouteservice.org)

In dem Gebiet bei einem Fahrtweg von 8 Minuten mit einem PKW liegen die Ortschaften Geislingen, Eybach und Kuchen. Geislingen hat eine Einwohnerzahl von 28533 Einwohnern (Stadt Geislingen an der Steige, 2020). Der Ort Eybach hat eine

Einwohnerzahl von 1456 Einwohnern (Stadt Geislingen an der Steige, o.J.). Der Ort Kuchen besitzt eine Einwohnerzahl von 5647 Einwohnern (Gemeinde Kuchen, 2017). Bei einem Fahrtweg von 12 Minuten mit einem PKW liegen die Ortschaften Türkheim, Amstetten, Stötten, Bad Überkingen und Gingen an der Fils. Die Einwohnerzahl beträgt bei Türkheim 7400 Einwohnern (Markt Türkheim, 2022), bei Amstetten 4098 Einwohner (Gemeinde Amstetten, 2020), bei Stötten 1927 Einwohnern (Stadtistik, 2021), bei Bad Überkingen 1942 Einwohner (Bad Überkingen, 2023) und in Gingen an der Fils mit 4607 Einwohner (Gemeinde Gingen an der Fils, 2023). Alle Ortschaften weisen gemeinsam eine Einwohnerzahl von 55610 auf.

Die Arbeitslosenquote liegt derzeit im Kreis Göppingen bei 4,4% (Bundesagentur für Arbeit, 2023). Das durchschnittliche Alter der Menschen in der Ortschaft Göppingen beträgt 44,1 Jahre (Statistik-Bw, 2019). Der Kaufkraftindex lag die letzten Jahre bei 102 (IHK, 2021). Außerdem studieren in Geislingen an der Steige rund 2400 Studenten, was einem Studierendenanteil von ungefähr 8% entspricht (Studis-Online, o.J.)

4 Analyse der Marktstruktur

Es gibt fünf Wettbewerbskräfte, die Einfluss auf die Marktattraktivität haben. Diese sind die Verhandlungsstärke der Lieferanten, die Verhandlungsstärke der Abnehmer, Bedrohung durch neue Anbieter, Bedrohung durch Ersatzprodukte und die Rivalität der Wettbewerber (Bea & Haas, 2013, S. 99). Die Stärke dieser Wettbewerbskräfte ist abhängig von bestimmten Elementen (Porter, 2000, S. 32).

4.1 Rivalität der Mitbewerber

Zu den Determinanten der Rivalität zählt das Branchenwachstum, die Produktunterschiede und die Marktidentität. Zu den Mitbewerbern zählen Fitness-Ketten, die im selben Preissegment arbeiten. Diese sind beispielsweise Fitness First Geislingen, hello fit Geislingen oder Clever Fit Geislingen. Diese Unternehmen siedeln sich im gleichen Preissegment an und führen eine ähnliche Unternehmensstruktur mit Angeboten des Krafttrainings, Ausdauertrainings und Gruppenfitness. Diese gleichen Merkmale machen den Rivalen zur Konkurrenz. Anbieter aus dem Premium-Segment, wie das Sportstudio Arabesque, sind in diesem Fall weniger eine Konkurrenz. Infolge der niedrigen Markteintrittsbarrieren können potentielle Mitbewerber eine Bedrohung darstellen. Dies führt dazu, dass der Preisdruck steigt.

4.2 Bedrohung durch neue Anbieter

Die Bedrohung durch neue Anbieter wird bedingt durch die Eintrittsbarrieren. Die Markteintrittsbarrieren sind abhängig von der Marktidentität, der Käuferloyalität sowie dem Kapitalbedarf. Jedes gut finanzierte Unternehmen mit genügend Kapital könnte problemlos ein Fitnessstudio eröffnen und somit mit unserem potentiellen neuen Studio konkurrieren. Die Fitnessbranche verzeichnet nach wie vor ein starkes Wachstum, vor allem zeigt sich eine zunehmende Anzahl an Kettenbetreibern (DSSV, 2023). Dieses Wachstum zeigt, dass das Gesundheitsbewusstsein und der Trend zur aktiven Lebensgestaltung wachsen. Allerdings besteht die Möglichkeit, dass Sportvereine, die ihre eigenen Fitnessbereiche ausbauen, zu einer ernstzunehmenden Konkurrenz werden können. Bisher geht jedoch wenig Gefahr von ihnen aus. Durch die große Auswahl der Anbieter auf dem Fitness-Markt, haben die Kunden eine große Verhandlungsmacht, besonders bei der Mitbestimmung des Preises. Je weniger persönlich die Dienstleistung ist, besonders bei großen Fitnessketten, desto sprunghafter können die Kunden sein und desto höher kann die Fluktuation ausfallen. Da unser potentielles Studio keine spezielle Nische bedient, kann es somit schnell ersetzbar und leicht austauschbar sein.

4.3 Verhandlungsstärke der Lieferanten

Determinanten der Lieferantenmacht sind beispielsweise die Differenzierung der Inputs, die Lieferantenkonzentration und die Kosten im Verhältnis zu den Gesamtumsätzen der Branche (Porter, 2000, S. 32). Bei dem betrachteten Fitnessstudio besteht kaum eine Abhängigkeit von Lieferanten. Zwar sind zur Eröffnung des Studios Lieferanten wichtig, um die Fitnessgeräte zu liefern, dennoch werden danach kaum noch Lieferanten benötigt. Da der Auftraggeber der Fitness-Kette schon mehrere Studios besitzt, wirkt es gegenüber den Lieferanten vertrauenswürdig, da die Zulieferer davon ausgehen können, ihre Zahlungen pünktlich zu bekommen.

4.4 Bedrohung durch Ersatzprodukte

Determinanten der Substitutionsgefahr/ Bedrohung durch Ersatzprodukte sind die Kostenumstellung, die relative Preisleistung der Ersatzprodukte und die Substitutionsneigung der Abnehmer (Porter, 2000, S. 32). Durch den technischen Fortschritt ist die Bedrohung durch Ersatzprodukte besonders hoch. So sind schnelle Workouts, die ortunabhängig und zeitunabhängig durchgeführt werden können, eine Bedrohung. Solche Onlineangebote erschweren den Verkaufsabteilungen in den Fitnessstudios, Verträge mit längerer Laufzeit zu verkaufen, die allerdings enorm wichtig für die Unternehmenssicherung und die Abdeckung der Kosten sind. Allerdings kann bei einer solchen Art von Produkten nur erschwert die Themen Betreuung und Serviceleistungen erbracht werden, wodurch ein Fitnessstudio im Vorteil liegt, besonders eins im Discount-Segment.

4.5 Verhandlungsstärke

Zu den Determinanten der Abnehmerstärke gehören bei der Verhandlungsmacht das Abnehmervolumen, der Informationsstand der Abnehmer und das Durchhaltevermögen. Zu der Preisempfindlichkeit zählt man die Produktunterschiede, die Marktidentität und die Abnehmergewinne (Porter, 2000, S. 32). Die Abnehmer spielen eine entscheidende Rolle, denn ohne Abnehmer gibt es keine Einnahmen. Obwohl bei den Menschen das Bewusstsein für ein aktives und gesundes Leben wächst, wirkt das Preis-Leistungsverhältnis trotzdem mit. Wenn sich die Produkte eines Unternehmens nicht besonders von den Produkten anderer Anbieter unterscheiden, besteht eine hohe Verhandlungsstärke der Kunden. Dies kann dazu führen, dass diese das Studio wechseln oder sich niedrigere Preise verhandeln. Durch das große Spektrum an unterschiedlichen Anbietern auf dem Fitness-Markt, kann davon ausgegangen werden, dass die potentiellen Kunden eine höhere Verhandlungsmacht besitzen. So ist es eine Überlegung wert, in dem neuen Studio spezielle Angebote mit einzuführen.

5 Betrachtung der Vorgehensweisen in Bezug auf das Franchising oder die Führung in Eigenregie

5.1 Vorteile der Führung einer Filiale in Eigenregie

Das Betreiben von Filialen in Eigenregie bringt einige Vorteile mit sich. Ein wesentlicher Vorteil ist, dass der Betreiber eine hohe Entscheidungsfreiheit besitzt und bei gewissen Regelungen und Beschlüssen keinen Einschränkungen ausgesetzt ist (Vry, 2004, S. 248). Außerdem besteht keine Abhängigkeit von anderen Partnern, Arbeitgebern oder Vorgesetzen, wodurch man über einen größeren Handlungsspielraum verfügt (Macharzina & Wolf, 2005, S. 960). Zudem besteht der Vorteil, dass man nicht durch Fehlverhalten von Partnern oder bestimmten Vorgesetzen gefährdet ist und somit selbst für sein Image verantwortlich ist (Macharzina & Wolf, 2005, S. 960).

5.2 Vorteile des Franchisings

Ein Vorteil des Franchisings ist, dass der Franchise-Nehmer Unterstützung in den Bereichen Marketing, Organisation, Logistik und bei der Unternehmensführung vom Franchise-Geber erhält (Macharzina & Wolf, 2005, S. 960).

Beim Franchising verfügt der Franchise-Geber über ein geschütztes Gut eine Rezeptur oder ein Firmenzeichen, dessen Nutzung er dem Franchise-Nehmer gegen Zahlung einer einmaligen und/oder einer laufenden Franchise-Gebühr gewährt (Zentes, Swoboda & Schramm-Klein, 2013, S. 248). Somit erhält der Franchisenehmer Rechte des Franchisegebers.

Durch das einheitliche Auftreten und die verbindlichen Systemvorgaben ist die Wirkung auf dem Markt so stark, dass Außenstehende den Franchise-Verbund oft für ein einziges Unternehmen halten (Wöhe & Döring, 2005, S. 578). Dadurch wird der Eindruck eines Filialsystem erzeugt.

5.3 Entscheidung der Vorgehensweise für das Unternehmen

Für den Auftraggeber des zukünftigen Fitnessstudios empfiehlt sich die Option des Franchisings. Mit dem Franchising besteht die Möglichkeit einer schnellen und kapitalschonenden Expansion und der Einstieg in den Markt wird erleichtert durch das schon vorhandene Know-How der bestehenden Studios (Eckert, 2005, S. 58). Auch im Rahmen der Corporate Identity, welches dem Unternehmen sehr wichtig ist, kann es eine konsequente Weiterentwicklung und ein positives Image in der Öffentlichkeit schaffen (Weis, 2012, S. 579).

6 Literaturverzeichnis

Bad Überkingen. 2023. *Bad Überkingen in Zahlen.* Zugriff am 28.11.2023 von
https://www.bad-ueberkingen.de/de/bad-ueberkingen/bad-ueberkingen-in-
zahlen/

Bat-Freizeit-Forschungsinstitut GmbH. (1995). *Freizeitaktivitäten.* Hamburg.

Bea, F. X. & Haas, J. (2013). *Strategisches Management* (Grundwissen der Ökonomik: Betriebswirtschaftslehre, 6., vollständig überarbeitete Aufl.). Stuttgart: Lucius & Lucius.

Bundesagentur für Arbeit. 2023. *Arbeitsmarkt im Überblick - Berichtsmonat Oktober 2023 - Göppingen.* Zugriff am 28.11.2023 von
https://statistik.arbeitsagentur.de/Auswahl/raeumlicher-
Geltungsbereich/Politische-Gebietsstruktur/Kreise/Baden-Wuerttemberg/08117-
Goeppingen.html

DSSV Arbeitgeberverband Deutscher Fitness- und Gesundheits-Anlagen. (2018). *Eckdaten der deutschen Fitness-Wirtschaft 2023.* Hamburg.

Eckert, H. van. (2005). Praxishandbuch Vertrieb. *Massgeschneiderte Lösungen für den Kunden; die Mitarbeiter zum Partner machen; optimale Rahmenbedingungen schaffen* (1. Aufl.). Berlin: Cornelsen.

Gemeinde Amstetten. 2020. *Einwohnerzahlen.* Zugriff am 28.11.2023 von
https://www.amstetten.de/statistik.html

Gemeinde Gingen an der Fils. 2023. *Aus der Gemeinde Gingen an der Fils.* Zugriff am 28.11.2023 von https://www.gingen.de/gingen-an-der-fils/zahlen-daten

Gemeinde Kuchen. 2017. *Zahlen, Daten, Fakten.* Zugriff am 28.11.2023 von https://www.kuchen.de/zahlen-daten-fakten.html

IHK. 2021. *Kaufkraftveränderung 2020-2021 Landkreis Göppingen.* Zugriff am 28.11.2023 von

https://www.ihk.de/blueprint/servlet/resource/blob/5347942/26b6871a06800fa7 5c79696d7406a804/vergleich-kaufkraft-2020-2021-data.pdf

Knebel, S. & Schmidt, F. (2021). *Studien-Update: Warum die Mitglieder ihr Studio brauchen & Prävention wieder möglich sein muss.* Fitnessmanagement. Zugriff am 28.11.2023 von https://www.fitnessmanagement.de/fitness/dhfpg-corona-studie-teil-3-update-fitnesstraining-kundenfeedback-wiedereroeffnung

Macharzina, K. & Wolf, J. (2005). *Unternehmensführung. Das internationale Managementwissen; Konzepte - Methoden - Praxis* (Lehrbuch, 5., grundlegend überarbeitete Aufl.). Wiesbaden: Gabler.

Markt Türkheim. 2022. *Einwohnerzahlen.* Zugriff am 28.11.2023 von https://www.tuerkheim.de/gemeinde/einwohnerzahlen/

Porter, M. E. (2000). *Wettbewerbsvorteile. Spitzenleistungen erreichen und behaupten* (6. Aufl.). Frankfurt: Campus.

Stadt Geislingen an der Steige. (2023). *Mietspiegel.* Zugriff am 28.11.2023 von https://www.mietspiegel-geislingen.de

Stadt Geislingen an der Steige. (2020). *Zahlen und Daten der Stadt Geislingen.* Zugriff am 28.11.2023 von https://www.geislingen.de/de/gaeste/stadtportrait/zahlen-daten/

Stadt Geislingen an der Steige. ((o.J.)). *Infos zu Eybach.* Zugriff am 28.11.2023 von https://www.geislingen.de/de/gaeste/stadtportrait/stadtbezirke/eybach/

Stadtistik. 2021. *Stötten a. Auerberg – Zahlen, Daten und Fakten.* Zugriff am 28.11.2023 von https://stadtistik.de/stadt/stoetten-a-auerberg-09777171/?utm_content=cmp-true

Statistik-Bw. 2019. *Im Blickpunkt: Die Stadt Göppingen.* Zugriff am 28.11.2023 von https://www.statistikbw.de/Service/Veroeff/Monatshefte/20190407#:~:text=Das %20Durchschnittsalter%20der%20Bürger%20von%20Göppingen%20betrug%2 044%2C1%E2%80%AFJahre,damit%20deutlich%20über%20dem%20Landesd urchschnitt%20von%20gut%2015%E2%80%AF%25.

Studis-Online. ((o.J.)). *Hochschulen in Geislingen an der Steige.* Zugriff am 28.11.2023 von https://www.studis-online.de/hochschulen/geislingen-an-der-steige/

Vahs, D. & Schäfer-Kunz, J. (2000). *Einführung in die Betriebswirtschaftslehre* (2., überarbeitete und erweiterte Aufl.). Stuttgart: Schäffer-Poeschel.

Vry, W. (2004). *Absatzwirtschaft* (Lehrbücher für Fachwirte und Fachkaufleute, 6., völlig neue Aufl.). Ludwigshafen (Rhein): Kiehl.

Weis, H. C. (2012). *Marketing* (Kompendium der praktischen Betriebswirtschaft, 16., verbesserte und aktualisierte Auflage). Herne, Westf: NWB.

Wöhe, G. & Döring, U. (2005). *Einführung in die Allgemeine Betriebswirtschaftslehre* (22. neubearbeitete Aufl.). München: Vahlen.

Zentes, J., Swoboda, B. & Schramm-Klein, H. (2013). *Internationales Marketing* (Vahlens Handbücher der Wirtschafts- und Sozialwissenschaften, 3., überarbeitete Aufl.). München: Vahlen.

7 Abbildungs- und Tabellenverzeichnis

7.1 Abbildungsverzeichnis

7.2 Tabellenverzeichnis

BEI GRIN MACHT SICH IHR WISSEN BEZAHLT

- Wir veröffentlichen Ihre Hausarbeit, Bachelor- und Masterarbeit

- Ihr eigenes eBook und Buch - weltweit in allen wichtigen Shops

- Verdienen Sie an jedem Verkauf

Jetzt bei www.GRIN.com hochladen und kostenlos publizieren